Au service du ro

aperçus intérieurs des hommes d'armes

Innes Logan

Writat

Cette édition parue en 2023

ISBN : 9789359255682

Publié par
Writat
email : info@writat.com

Contenu

CHAPITRE I

Rassembler des hommes

je

Ces bâtiments décharnés et peu attrayants

Le War Office a construit la caserne Maryhill, à Glasgow, pour ressembler exactement à une prison, mais ces bâtiments décharnés et peu attrayants, remplis au-delà de toute endurance d'hommes de la nouvelle armée, étaient au moins d'une certaine manière en contact avec ce qui se passait ailleurs. Même au cours de ce premier mois de guerre, il semblait insensé de respirer l'air doux et clair de Braemar, ou de laisser ses yeux s'attarder sur la beauté incomparable des montagnes et des vallons. La flèche grise de mon église s'élevant gracieusement parmi les bouleaux argentés et les sapins sombres, au cœur de collines pourpres, indiquait un chemin plus difficile que celui-là. Stevenson, qui a écrit une partie de *Treasure Island* ici, l'a appelé « le wale (pick) de l'Écosse », mais juste parce qu'il en était ainsi, nous avons vu plus clairement l'agonie de la Belgique et les hommes de notre héroïque petite armée régulière mourant pour nous garder inviolés. .

Jusqu'au 10 septembre, les recrues affluèrent en si grand nombre qu'il était difficile d'appréhender la situation de la manière la plus superficielle. A cette date, l'étendard fut relevé et, comme si une écluse avait été jetée sur le barrage d'un moulin, le cours d'eau s'arrêta brusquement et complètement. Je suppose que c'était l'objet du nouveau règlement, mais il a suscité des malentendus et, jusqu'à ce jour, l'agitation spontanée du premier mois de la guerre ne s'est jamais répétée. Il ne fait aucun doute que les chiffres étaient trop importants pour être traités correctement. Les hommes dormaient dans l'église de la garnison, au manège, à même le sol dans des casernes surpeuplées, dans des tentes qui fuyaient et sans fond. Il n'y avait pas de salles de loisirs. Il pleuvait beaucoup, et une fois mouillé, un homme sans vêtements ni sous-vêtements de rechange restait mouillé pendant des jours dans son maigre costume civil. Il y avait trop peu de couvertures, pas de braseros, et les chaussures noires bon marché de la vie civile furent bientôt en lambeaux. Tout le monde devenait abominablement vermineux, et même si la nourriture était assez bonne à sa manière, les cuisiniers étaient débordés et la nourriture était souvent immangeable. Personne n'était à blâmer et, dans un laps de temps étonnamment court, l'ordre commença à émerger, mais dans ces premiers temps, un énorme « tétras » surgissait continuellement de la nouvelle armée qui n'était pas encore une armée, et ces conditions étaient en partie responsables du fait que Lorsque le niveau fut à nouveau abaissé, le flux de recrues fut bien moindre qu'auparavant. Cette faculté de grogner chaleureusement, dans l'armée, fantaisiste, humoristique, astucieux, parfois mordant, jamais découragé, est évidemment une vieille coutume nationale, car Chaucer utilise le mot une demi-douzaine de fois. Mais le malaise aggravé des hommes doux de la vie intérieure était vraiment pitoyable.

Bientôt, toutes les recrues, à l'exception de celles de la Royal Field Artillery, furent envoyées ailleurs, et la caserne devint un grand dépôt pour cette branche du service, sous le commandement du colonel Forde. On se rendra compte des merveilles qui ont été accomplies dans ces premiers jours et de la difficulté avec laquelle le pays a été mis à rude épreuve lorsqu'on comprendra que pendant des mois, un corps d'hommes au nombre jamais inférieur à deux mille, et parfois jusqu'à trois fois ce nombre, n'avait que deux canons de campagne à des fins d'entraînement, et que des officiers devaient être envoyés au corps expéditionnaire qui n'avaient porté l'uniforme que pendant trois, quatre ou cinq semaines.

II

Pourquoi les cent mille premiers se sont enrôlés

Les cent mille premiers avaient certaines caractéristiques qui leur étaient propres par rapport à leurs successeurs. Ils contenaient un grand nombre d'hommes qui agissent sous l'impulsion du moment, des hommes nés en quête d'aventure, des hommes pour qui la guerre avait ses attraits. Beaucoup d'hommes qui n'avaient jamais trouvé leur place dans la vie, parce que leur esprit était agité et errant, incapable de s'installer ou s'irritant contre les méthodes conventionnelles ordonnées, trouvèrent enfin leur bonheur en août 1914. À côté d'eux se trouvaient des hommes passionnément engagés dans la vie. patriotiques et ont vu très clairement et rapidement les longs enjeux liés au pays qu'ils aimaient. Le sort de la Belgique a eu une influence bien plus émouvante sur les rangs de la nouvelle armée que ne le pensait, je pense, la classe des officiers. En fait, avec les recrues ultérieures, j'ai eu l'impression que l'indignation face aux atrocités allemandes en Belgique était le motif dominant de leur enrôlement. Il ne fait aucun doute, dans l'esprit de quiconque a travaillé en étroite collaboration avec les hommes des nouvelles armées au cours de l'automne et de l'hiver 1914, que l'invasion de la Belgique a été le seul coup choquant qui a rallié le pays comme un seul homme, et que rien d'autre dans la situation, comme on le savait, aurait fait cela. Le peuple dans son ensemble ne saisit pas l'imminence de la menace allemande. De la pression torturante exercée sur la fine ligne kaki qui barrait le passage vers la mer, nous ne savions rien. Jour après jour et nuit après nuit, nous étions régalés d'histoires de « lourdes pertes allemandes » et d'histoires futiles sur la mort de princes allemands ; ni notre virilité ni notre imagination n'ont été pleinement capturées, car l'héroïsme presque incroyable de nos frères ne nous a jamais été parlé. Peut-être que le silence était justifié ; l'ennemi aurait pu comprendre à quel point il était proche de la victoire et, avec un effort suprême, percer. Quoi qu'il en soit, que cela soit inévitable ou non, la jeunesse du pays dans son ensemble n'a jamais été, tout au long de cet hiver, réellement réveillée. Honneur d'autant plus aux cent mille premiers !

III

Ubique

Une fois cette guerre terminée, aucun soldat ne pourra demander : « Que fait l'Église chrétienne pour moi ? Les membres de l'Église, agissant par l'intermédiaire de son organisation, ou plus fréquemment par l'intermédiaire d'autres organisations dont ses membres étaient les esprits animés, se montrèrent noblement à la hauteur dans tout le pays. Glasgow ne faisait pas exception. Cela a fait aussi beaucoup de bien aux Églises, en leur apprenant à travailler ensemble. Voici un exemple. Les hommes étaient logés dans toute la ville, deux ou trois cents dans une salle, plus que dans une autre. Dans tous les cas, des dispositions ont été prises pour leur récréation et leur confort. Dans un district donné, une congrégation a donné sa salle comme salle de récréation, une autre a payé toutes les dépenses, une troisième a fourni un officier de l'église pour le nettoyage quotidien, les membres se sont joints pour donner des magazines et des journaux et pour fournir du thé et du café ; le missionnaire d'une congrégation a tenu des offices et tous se sont unis pour donner des concerts. Le YMCA, qui n'accepte pas les travailleurs à moins qu'ils soient membres de l'Église chrétienne, est intervenu et a construit une cabane, grâce à la générosité de Mme Hunter Craig, sur la place de la caserne.

Dans les premiers mois de 1915, il y eut un renouveau de la religion parmi les hommes de Maryhill Barracks, dont le centre était la cabane du YMCA. Ce réveil portait les marques dont nous, les jeunes hommes, avions entendu dire qu'elles étaient les marques d'un véritable réveil, mais dont beaucoup avaient reculé parce qu'elles étaient associées de nos jours à une publicité enflammée, au bruit et à l'ostentation.

On a demandé un jour à un vieux pasteur écossais avisé : « Comment allons-nous provoquer un réveil ? "C'est Dieu qui donne le réveil." « Mais comment pouvons-nous l'amener à le donner ? » «Demandez-lui», dit-il. Peut-être dans ce cas pouvons-nous dire humblement que notre demande consistait en grande partie à gagner la confiance des hommes, car lorsque nous étions tous devenus amis, le mouvement a commencé tranquillement une nuit grâce à l'action d'un agent de la Pocket Testament League, qui passait la soirée avec nous. Les réunions semblaient assez prosaïques à l'œil ; il n'y avait ni groupe, ni chant solo, ni excitation extérieure, et la cabane était un simple bâtiment en bois, mais la tension était parfois très intense. Parfois, jusqu'à une centaine de personnes en une semaine restaient sur place et professaient leur conversion, désirant céder à la profonde impulsion spirituelle qui les poussait de l'intérieur à faire de la pensée et de l'esprit du Christ leur principe de vie. Tous avaient été largués de leurs amarres et essayaient de trouver leurs marques dans un nouvel environnement. La plupart d'entre eux n'étaient que des gars honnêtes qui n'y avaient jamais vraiment réfléchi auparavant. Il y en avait d'autres qui ont enfin vu une opportunité de prendre un nouveau départ et l'ont saisie avec reconnaissance. Quelques-uns étaient des « coin-boys », apprenant en matière de discipline et de camaraderie une leçon dont ils n'avaient jamais rêvé. Je pense qu'il y avait partout dans la nouvelle armée une certaine élévation morale née de la conscience d'un dur devoir entrepris, et il n'était pas difficile de conduire cela à une crise plus personnelle et spirituelle. Il y avait quelque chose de très aimable chez eux. Un grand et bel homme d'un camp de bûcherons canadien a déclaré, avec une véritable détresse sur le visage : « J'ai essayé et essayé, et, que Dieu m'aide, je ne peux pas. Il ne sert à rien.' Son copain passa son bras sous le sien et déclara avec une chaleur d'affection dans la voix : « Je vais m'occuper de lui, gouverneur.

Plusieurs mois après, dans une ville flamande, je vis passer quelques-unes de leurs batteries en fracassant les rues pierreuses. La lampe de poche d'une torche électrique éclairait les cavaliers passant d'obscurité en obscurité de chaque côté du large crayon de lumière. On y voyait des visages bronzés, des gestes compétents, des uniformes tachés, des marques de vétérans, des hommes qui avaient été plusieurs fois au combat avec leurs fusils. Je suis sûr qu'ils accomplissent leur devoir non seulement envers leur roi, mais aussi envers Celui qui est supérieur, selon les mots de la devise courageuse de leur corps : « *Ubique quo fas et gloria ducunt* ».

En avril, les ordres sont arrivés pour rejoindre le corps expéditionnaire.

CHAPITRE II

UN CAMP DE RENFORTS

je

La Vallée Ensoleillée

Le camp des renforts se trouvait agréablement dans une vallée ensoleillée. La ville la plus proche était Harfleur, assiégée exactement cinq cents ans plus tôt par Henri V. d'Angleterre, qui comptait principalement sur ses gros canons et ses mines et ne fut pas déçu. Le commandant du camp insista pour que le terrain autour des tentes et des cabanes soit transformé en jardins, et bientôt la vallée fut éclairée de fleurs. Il y avait la paix dans tout le paysage ici. Parfois, un train de camions à chevaux, remplis d'hommes debout devant les portes coulissantes ou assis, les jambes pendantes par-dessus les rails, gravissait en haletant la longue pente qui longeait le pied de la vallée, et chaque soir les trains de ravitaillement s'éloignaient lentement en direction du front, chacun chargé de rations d'une journée pour douze mille hommes. De nouvelles recrues pour l'infanterie et l'artillerie arrivaient chaque jour, restaient quelques jours, puis étaient envoyées sur la ligne. Un millier d'hommes par mois serait probablement une estimation raisonnable du gaspillage d'une division à cette époque, c'est-à-dire que l'ensemble du corps expéditionnaire devait être entièrement renouvelé une fois par an, en ce qui concerne ses unités combattantes. Les courants d'air passaient donc continuellement dans notre camp, et j'avais de nombreuses occasions d'étudier le moral des individus de tous grades. Le résultat était intéressant et méritait d'être noté. D'après mon expérience, le bon cœur des combattants n'était affecté que par deux causes évitables. Le premier était le grand nombre de jeunes hommes valides engagés dans des tâches, sur les lignes de communication et à la base, qui auraient pu être accomplies efficacement par d'autres. Ces jeunes hommes n'ont jamais été en danger, tandis que ceux qui s'étaient enrôlés dans les corps combattants étaient renvoyés encore et encore face à la mort. Ceci (nous dit-on) a maintenant été corrigé, mais cela a longtemps été une source de grande douleur. La deuxième cause de souffrance était la quantité incroyable de querelles qui se déroulaient à la maison, entre les journaux, entre les maîtres et les hommes, etc. Les officiers seraient furieux de la conduite des « ouvriers » et les condamneraient en bloc en tant que classe. Il fallait être à la fois prudent et persistant pour leur faire comprendre que leurs propres hommes, qu'ils admiraient et aimaient, et dont ils savaient qu'ils les suivraient partout, appartenaient exactement à la même classe sociale que ces hommes en grève. . Une autre raison pour laquelle il aurait été préférable d'avoir des hommes plus âgés et mariés dans les bases résidait dans les tentations qui entouraient les hommes de tous côtés. Il faut également en tenir compte dans le cadre du coût inévitable de la guerre. Le fait que tant de gens s'en sortent indemnes en dit long sur le courage et le caractère du Britannique moyen.

II

L'homme de Skye

Un jour, alors que je faisais le tour des tentes, j'ai eu une longue conversation avec un homme en conscription qui partait au front pour rejoindre un régiment des Highlands. Il n'était pas sorti longtemps de l'hôpital et, comme ses compagnons, avait à peine repris ses esprits après la tristesse d'un second adieu. Suivant un bon plan consistant à toujours transmettre toute rumeur, aussi improbable soit-elle, qui est d'une nature tout à fait joyeuse, j'ai dit, faisant référence à un rapport qui circulait dans les mess ce matin-là : « On dit que Lord Kitchener dit que tout sera fini d'ici septembre. .' Il m'a regardé très sérieusement et a dit sévèrement : « Ce n'est pas à Lord Kitchener de dire quand la guerre sera finie. C'est seulement à Dieu de dire cela. Bientôt, il dit : « Et qui plus est, je ne reverrai plus jamais Skye. J'avais essayé en vain par tous les moyens de dissiper ses pressentiments, et maintenant je disais sévèrement comme lui : « Ce n'est pas à vous de dire si vous reverrez un jour Skye ; seul Dieu peut le savoir. Il bougea un peu, avec agitation, et répondit lentement : « Oui, c'est vrai, mais… oui, c'est vrai. Parfois, lorsque nous nous posions cette vieille question familière sans réponse, je racontais l'histoire de l'homme de Skye et sa réponse au problème. Nous avons été très heureux d'apprendre quelques semaines plus tard qu'il avait été libéré comme inapte permanent et qu'il se trouvait alors dans son île brumeuse bien-aimée.

L'aumônier principal a visité le camp pendant mon aumônerie là-bas. Le révérend Dr Simms, qui a rang de major-général, est responsable de tous les aumôniers autres que ceux de l'Église d'Angleterre. Sa silhouette grande, distinguée et sans prétention représentera toujours, dans l'esprit de ceux qui étaient sous son administration, une gentillesse infinie, une sagesse et une équité scrupuleuse entre toutes les parties. Le Dr Wallace Williamson de St. Giles', Édimbourg, qui rendait visite aux troupes en France, l'accompagnait. Leur service de dimanche a été très émouvant. Les cœurs étaient proches de la surface pendant ces brefs jours entre les adieux et le champ de bataille. Les trois Écossais que j'ai le mieux connus parmi ceux qui étaient à ce service sont tous morts : un est tombé à Loos, un en Mésopotamie et un sur la Somme. Le plus âgé d'entre eux, qui était officier dans un bataillon de la Garde, ne pouvait pas parler et ses yeux étaient pleins de larmes. Il n'y avait aucune possibilité ici de la remarque qu'un Lowlander faisait à un autre après avoir écouté un prédicateur londonien très célèbre : « Oui, c'était beau, et il pourrait vous faire voir des choses aussi, pendant ce temps ; mais, mec ! il n'y avait aucune *logique* là-dedans.

C'est à peu près à cette époque que nous apprîmes le naufrage du *Lusitania* .
D'une manière ou d'une autre, à partir de ce moment, nous savions mieux
où nous étions et pour quoi nous nous battions. Les pensées de chacun
étaient très sombres. C'était une pure méchanceté commise clairement et
froidement aux yeux de Dieu et de l'homme.

III

' Vous pouvez les entendre maintenant '

Un après-midi brûlant, alors que j'étais assis à discuter avec un ami dans ma tente, un infirmier s'est présenté à la porte et lui a dit : « Message pour vous, monsieur. Il y jeta un coup d'œil. C'était son ordre de rejoindre son bataillon au front. Nous nous sommes serrés la main et il est reparti, heureux de repartir après avoir attendu si longtemps. Cinq minutes plus tard, l'infirmier était de retour avec l'ordre de me rendre immédiatement au 2e poste territorial d'évacuation des victimes de Londres. J'ai dit au revoir à Adams, mon serviteur. Aucun homme n'a jamais eu plus de chance avec ses batmen : Adams, un régulier typique, farouchement fier de son régiment ; Campion, du territoire de Londres, voyageur de commerce dans la vie civile ; et Munro, le Royal Scot, qui, un mois ou deux après le déclenchement de la guerre, ne pouvait plus réprimer l'esprit combatif du Royal Regiment qui s'animait en lui, et rejoignit volontairement, laissant derrière lui une femme et six enfants. Il était contremaître à la Edinburgh Tramways Company. Homme bricoleur qu'il était, il pouvait mettre la main sur n'importe quoi, qu'il s'agisse de concevoir une virole pour une canne cassée à partir de la vis d'une bouteille de cornichon, ou de rendre habitable une cabane à l'air sombre, ou de produire du thé chaud de nulle part, ou transformer un chapiteau de cantine en un lieu décent pour la communion (des boîtes de tabac vides pour table, des fûts de bière discrètement hors de vue), ou construire une chaire avec des sacs de sable dans le coin d'un bar de salon sans toit.

Le train de ravitaillement est parti très tôt et, par des itinéraires détournés, s'est approché à contrecœur de la tête de ligne. Le voyage a duré trente heures. C'était assez long pour donner la leçon de ne jamais monter dans un train militaire en France sans quelque chose à lire, ou de boire imprudemment dans une tasse en aluminium contenant un liquide chaud, ou de compter sur le bœuf bully comme seul aliment. Vers le soir, l'Irlandais qui conduisait le train eut pitié et m'emmena — nous nous étions arrêtés pour la trente-cinquième fois — admirer à plein régime son poêle Primus et partager son excellent dîner. Mais (poêle ou pas), le monde est divisé entre ceux qui peuvent faire ce genre de choses et ceux qui ne le peuvent pas ; qui, luttant en vain avec des éléments réfractaires, souhaiteraient ne jamais être nés.

Il a dit qu'avant d'atteindre la gare ferroviaire, nous entendrions probablement le bruit des canons. L'expression est utilisée pour la stérilité, voire pour le ridicule, mais la réalité, lorsqu'elle est entendue pour la première fois, fait naître une nouvelle émotion dans votre cœur. La nuit était calme et chaude, et vers dix heures, alors que nous nous trouvions dans une gare routière, l'Ulsterman s'est approché de moi et m'a dit : « Écoutez, vous pouvez les entendre maintenant. Et plus loin, à l'est, on pouvait entendre un son de tremblement profond s'élever et s'estomper dans l'air immobile : le bruit de l'artillerie britannique combattant jour et nuit contre des obstacles pourtant écrasants.

Vingt heures plus tard, après de nombreuses errances, une sympathique voiture d'ambulance de campagne me déposa à la porte du mess du poste de dédouanement, où l'arrivée d'un « ministre écossais » était attendue avec beaucoup de curiosité et peut-être une certaine appréhension.

CHAPITRE III

UNE STATION DE DÉGAGEMENT QUAND IL N'Y A « RIEN À RAPPORTER »

je

Du parapet à la base

On entend parfois parler d'un homme qui, la jambe fracassée, continue de tirer avec sa mitrailleuse comme si de rien n'était. Comment expliquer cela ? La réponse est une réponse qui constitue un véritable réconfort pour ceux qui sont à la maison. Les blessures les plus bouleversantes ne sont pas celles qui provoquent la plus grande douleur immédiate. C'est comme si un arbre tombait sur des fils télégraphiques. Les fils sont coupés et aucun message, ou, au pire, un message confus et cliquetant, ne peut parvenir au cerveau. J'ai connu un homme transporté dans un poste de secours dans un état de grande joie parce qu'il en avait « un Blighty ». Il fumait et parlait, sans se rendre compte que sa blessure était si grave qu'il lui faudrait plusieurs mois avant de pouvoir à nouveau marcher – si tant est qu'il puisse un jour marcher avec deux jambes. Au moment où la prise de conscience de la douleur entre pleinement en jeu, le malade se trouve, en temps ordinaire, dans le poste de dépannage ou, du moins, dans l'ambulance de campagne, et dispose des ressources de la science.

Supposons qu'à trois heures de l'après-midi, Jock soit touché, dans la tranchée avant. « Jock » est le nom universellement donné aux soldats écossais, des Lowlands ou des Highlands. Ce n'est pas un nom mélodieux, mais le voilà ! Et d'une manière ou d'une autre, il exprime mieux le caractère de l'Écossais que « Tommy ». Il ne peut pas être transporté dans la tranchée de communication, car celle-ci zigzague trop : on ne peut pas le contourner. Il est donc emmené dans une pirogue et reçoit les premiers soins, et peut-être un comprimé de morphine. Le MO peut éventuellement venir le voir, mais il est peut-être trop occupé dans son propre poste de secours. Il y a des brancardiers dans la tranchée capables de panser correctement. Le « SB » moyen, soit dit en passant, est un homme du bataillon, pas du RAMC. Dès qu'il fait nuit, les brancardiers le soulèvent et le transportent à travers la plaine jusqu'au poste de secours, qui est peut-être cinq cents ou cinq cents personnes. à mille mètres derrière la tranchée de tir, près du quartier général du bataillon. C'est un voyage étrange, avec une certaine part de risque. Les brillantes fusées éclairantes des Boches s'élèvent continuellement — l'ennemi est parfois appelé « les Huns », le plus souvent « les Boche », dans les moments les plus sympathiques « Fritz », mais jamais « les Allemands » — et éclairent le terrain avec éclat. Ces fusées éclairantes sont très puissantes. J'ai vu ma propre ombre projetée par l'un d'entre eux alors que je me tenais à ce moment-là dans un camp à huit kilomètres des tranchées, et quand vous êtes de près, vous avez l'impression que tous les yeux de « l'Allemagne » sont fixés sur vous. La meilleure chose à faire est de rester immobile, car la lumière artificielle est très trompeuse et il est difficile de distinguer ce qu'est un objet. Quoi qu'il en soit, la véritable zone de danger est le « No Man's Land », car c'est sur ce puissant cimetière qui s'étend de la Suisse jusqu'à la mer que les yeux de l'ennemi sont tournés . Les régiments avaient l'habitude d'expérimenter différents types de fusées éclairantes. Nous avions l'habitude de rire d'un incident survenu lorsqu'un nouveau type, une espèce de parachute, avait été déployé. Le commandant en second, qui l'a tirée, a mal calculé la force du vent qui soufflait de la tranchée ennemie, et la fusée a été portée dans une courbe majestueuse vers l'arrière jusqu'à ce qu'elle arrive directement au-dessus du quartier général du bataillon. Ici, il est resté longtemps, montrant tous les détails avec beaucoup de succès, au grand dam du commandant. Sur ce terrain, très lentement et avec précaution, la civière est transportée. Lorsque le poste de secours est atteint, le MO prend les commandes, assisté du sergent ou du caporal du RAMC, qu'il a toujours avec lui, et la « victime » est déposée aux côtés d'autres dans la pirogue ou la cave sous quelque maison en ruine. , qui forme le poste de secours et le dispensaire du bataillon. La première étape du voyage est désormais terminée. Bientôt, quelques voitures arrivent tranquillement. Un à un, les blessés sont remontés ou grimpent avec raideur. Le médecin qui les a inventés discute avec le ministère de la Défense, et les potins locaux sont échangés contre des connaissances plus larges (ou des rumeurs plus grandioses) sur l'ambulance de campagne. Notre Jock, qui a une balle dans la poitrine, est soulevé. Les sangles sont solidement attachées et les bâches sont attachées. « Tous à bord, monsieur ! » 'Droite! Eh bien, au revoir, Hadley ! « Bravo, Scott ! Les ambulances démarrent très prudemment et remontent la route en rampant. Il est dans un état exécrable, car le travail de jour est ici impossible. Tout cela est mis en pièces par la circulation, souvent percé de trous d'obus et en règle générale très étroit. Il n'y a pas de lune, ce qui est tout aussi bien, et aucune lumière ne peut être transportée. Le conducteur se fraye un chemin à travers l'obscurité d'encre grâce à un sixième sens engendré par de nombreux voyages de ce type. De temps en temps, une fusée éclaire pendant quelques secondes les pavés brisés. Ses roues ne sont qu'à quelques mètres de la boue des deux côtés, et s'il y entre, la voiture y restera des heures. Un peu à droite, une batterie de 18 livres tire lentement et régulièrement, et les obus hurlent sur la route en direction de l'ennemi. Un virage est franchi et la route s'améliore. Nous nous arrêtons devant un immeuble sans lumière et des infirmiers du RAMC montent les marches d'une cave. C'est le poste de secours avancé ; on collecte sur un front de brigade et il y a deux médecins au travail. Une grande fenêtre couverte de sacs s'ouvre au niveau du sol dans la cave, et les blessés y sont transportés. Certains resteront ici toute la nuit, mais les blessés les plus graves sont envoyés au poste d'évacuation des blessés à cinq ou six milles plus loin. Les boissons chaudes arrivent et sont les bienvenues, car les blessés tremblent et sont malades de choc. Deux nouveaux chauffeurs sortent de leur pirogue en bâillant et prennent le relais ; un message vient d'arriver disant que les tranchées "P" ont été "chauffées" par les mortiers de tranchée et que les voitures doivent repartir immédiatement. Les ambulances repartent, laissant les médecins occupés, les manches retroussées jusqu'au coude. La deuxième étape du voyage est terminée.

Les voitures avancent désormais beaucoup plus vite. Les lumières brûlent toujours au quartier général de la division, mais le quartier général des ambulances de campagne est sombre, à l'exception de la lampe allumée devant la porte. Une ambulance peut disposer de deux ou trois postes de secours avancés collectés à partir d'un front divisionnaire. Des lampes jumelles sur un mât, blanche et rouge, se rapprochent et éclairent faiblement deux drapeaux, l'Union Jack et la Croix-Rouge. L'Union Jack en Flandre n'est vu qu'en collaboration avec la Croix-Rouge, ou peut-être sur le cadavre lors d'un enterrement ; à moins que le commandant en chef ne revienne, lorsque le drapeau est porté derrière lui sur une lance. Les voitures tournent à angle droit dans une cour gravillonnée et s'arrêtent devant une grande porte. Un caporal, assis dans un vestibule vitré, passe la tête par la porte intérieure et crie : « Brancardiers ! Un infirmier se rend rapidement au bureau et rapporte à l'officier d'ordonnance : « Deux voitures avec des civières ». Le médecin se dirige vers la salle d'accueil et commence à examiner le premier cas. La salle de réception est un concert ou un music-hall dans les jours plus heureux. Sa scène est le dispensaire, et la petite pièce où les artistes se « maquillent » est la morgue. Le médecin est rejoint par la sœur qui assure le service de nuit. Chaque homme est examiné rapidement à tour de rôle. Le médecin généraliste, ou le médecin du poste de secours, a écrit quelques mots sur la nature de la blessure sur une étiquette très semblable à une étiquette de bagage, et celle-ci a été attachée à une boutonnière. Un infirmier s'avance et note des renseignements : nom, numéro, bataillon, brigade, division. Jock est plutôt fatigué de donner cette information car il l'a déjà fait noter par son MO, et au poste de secours. Mais il n'a pas besoin de commencer à se plaindre pour l'instant, car cela se répétera à chaque halte. Il est emmené dans une autre pièce. La troisième étape est terminée.

Jock est ici depuis quinze jours, car il est grièvement blessé et occupe l'un des rares lits dont dispose la gare. Un jour, il est transporté, plutôt blanc, dans la salle d'opération, et après un certain temps, il en est ramené, encore plus blanc qu'auparavant. Il en a vu moins que quiconque ; je n'ai vu que les murs blancs et les rideaux anti-moustiques ; je sentais les fortes odeurs d'éther, de chloroforme et d'antiseptiques ; j'entendais de plus en plus faiblement le bourdonnement d'un avion au-dessus de nous ; J'ai aussi vu le padre, plutôt blanc lui aussi, mais déterminé à s'habituer à ce genre de choses, au cas où ils seraient à court de personnel lorsque la grande « poussée » viendrait.

Jock ne peut pas prendre le train car il ne supporte pas les secousses, il doit donc attendre une barge. Il écoute avec un plaisir évident la description des lumières électriques, des ventilateurs, des draps et des oreillers blancs. Il y a six sœurs dans la gare. Ce sont les premières Anglaises qu'il voit depuis son dernier congé, et il est heureux d'apprendre qu'il y en aura deux sur la barge. Une barge va et vient, mais personne ne le dit à Jock. On lui dit que les barges tardent toujours à arriver, ce qui est vrai aussi. Et en effet, avant l'arrivée du prochain, il va tellement mieux qu'il est décidé qu'il pourra prendre le train si celui-ci arrive en premier. Cela vient en premier. « *Entraînez-vous !*" parcourt les salles comme un éclair. Il y a des adieux précipités, des rassemblements de souvenirs, des yeux nostalgiques de ceux qui ne peuvent pas encore partir, qui regardent ceux qui le peuvent. Les voitures sont amenées à l'entrée latérale, les civières glissées dans leurs rainures et le convoi se dirige vers la gare. Le long train, déjà à moitié rempli, attend. Il y a un dernier petit passage à travers le quai, des allées et venues de porteurs, l'inévitable dispute avec le RTO, un cri d'avertissement du moteur, et le train pour la base est parti.

II

« Pensez-vous que ce genre de chose compte maintenant ?'

Une station de compensation est exactement ce que son nom indique. Il évacue les blessés d'un grand nombre d'ambulances de campagne, chacune étant divisée en plusieurs postes de secours avancés. Chacun d'eux puise à son tour dans plusieurs postes de secours. Tous les blessés et tous les malades qui franchissent les ambulances doivent passer par la gare. Là, ils sont mis en état de marche pour le voyage jusqu'à la base, ou sont envoyés dans un dépôt de convalescence si une semaine ou deux les rendent à nouveau aptes au travail.

L'aumônier de l'Église d'Angleterre était aussi amical et accommodant que je souhaitais l'être. Nous nous sommes assurés que l'un de nous voyait chaque homme à qui parler lorsqu'il était amené et notions dans quelle salle il était emmené. Pour la distribution du papier à lettres, des journaux et des revues, du tabac et des cigarettes, nous répartissions le travail de telle sorte que dans une journée chacun prenait la moitié du nombre de salles, le lendemain inversant la moitié. En cas de maladie ou de problème grave, nous restions plus étroitement avec nos propres hommes. Nous avions tous les deux notre réserve de Testaments. De toutes les éditions fournies aux troupes, celle de la National Bible Society of Scotland est la meilleure. C'est le plus joli, dans sa reliure rouge vif — on se lasse tellement du kaki — et il contient les Psaumes, si précieux et si infaillibles en temps de guerre. Je trouve dommage qu'ils soient sous forme métrique plutôt qu'en prose. D'un autre côté, un officier m'a dit un jour qu'il lui était impossible de se contenter de lire la Bible. D'après son expérience, un livret d'hymnes familiers avait pour lui une grande valeur spirituelle. Il le sortait dans sa pirogue et lisait un verset, puis le remettait en place. Le dimanche, nous faisions nos offices du matin séparément, dans la salle de réception, à des heures différentes. Si cela était possible, il pourrait également y avoir un ou deux services silencieux dans les salles. La religion et la science sont parfois censées être hostiles l'une à l'autre. Je dois le dire, et le dire avec gratitude : j'ai toujours trouvé les médecins sympathiques, serviables et prévenants, aucun homme ne l'était davantage, en fait, aucun n'aurait pu être plus entièrement amical. Ils ne sont pas amoureux des croyances, mais ils sont des serviteurs dévoués de l'humanité et singulièrement sensibles à tout désir pratique d'être utile. Le soir, nous avons tenu un service commun. Lorsque le presbytérien a prononcé le discours, le service était anglican, et dimanche prochain, le service serait presbytérien et l'aumônier de l'Église d'Angleterre a pris la parole. Nous avons emmené nos funérailles séparément dans ce cimetière en croissance si rapide avec ses six cents petites croix de bois, bien que celles de l'autre poste de nettoyage soient apportées un jour sur deux par chaque aumônier, quelle que soit leur confession. Nous avons dispensé le sacrement de la Cène du Seigneur à notre propre peuple, en utilisant le beau petit ensemble de communion délivré par le War Office, et en ayant comme table un brancard recouvert d'un tissu blanc et posé sur des tréteaux.

Le pouvoir d'attraction de la nationalité est immense dans ce domaine. C'est bien plus catégorique et réel que le sentiment d'un lien particulier avec l'Église. Même les hommes très fidèles à leur propre branche de l'Église presbytérienne, par exemple, n'y attachent guère d'importance. Ils sont ravis de rencontrer un médecin écossais ou un aumônier écossais. Il comprend toutes les fibres entrelacées de tradition et de formation qui composent leur caractère. Tout homme aussi aime adorer selon les formes qui lui sont familières. Mais l'Église d'Écosse, ou l'Église libre unie d'Écosse, et ainsi de suite, sont pour lui très semblables. Je parle d'hommes chrétiens, d'hommes bien conscients de la situation historique. Un homme sur le terrain grandit chez un homme sur le terrain un amour plus profond pour son frère écossais, un sentiment si profond d'unité essentielle dans la tradition, dans l'histoire, dans le caractère, dans la foi, qu'il en vient à attendre avec impatience, passion, un jour *béni* de réconciliation complète.

« Pensez-vous que ce genre de chose compte maintenant, Padre ? murmura un garçon désespérément blessé, sa main squelettique grattant sans relâche la couverture – un bon moment pour tous nos solides arguments ! « Ce genre de choses » a de l'importance, bien sûr, mais *alors* qu'importe, sinon de se reposer avec lassitude dans les bras éternels. Je ne peux pas croire que quelqu'un qui s'est agenouillé près d'une vie après l'autre, s'écoulant dans la lassitude et la douleur, interrompu si inopportunément, loin des mains de mères qui auraient voulu leur prodiguer de l'amour pendant leur couche, et qui a écouté les paroles entrecoupées de confiance, permettra toujours que sa vision de l'union fondamentale de ceux qui reposent dans l'amour éternel de Dieu en Christ soit éclipsée par des vérités moindres.

III

Le Nom de Jésus

Il y a deux périodes dans la vie d'un soldat où il est particulièrement attentif à l'attrait de la religion. L'une, comme nous l'avons vu, se produit juste après l'enrôlement ; l'autre après avoir été blessé. Une station de dégagement est son premier lieu de repos. Il a eu un tremblement terrible, a vu son copain se faire tuer peut-être, a participé à une sauvagerie déchaînée. Il est souvent tout brisé, cherchant à nouveau une fondation. La difficulté est que son séjour est si court, en général quelques jours seulement. Notre patient record était le pauvre Burke, un Irlandais d'un régiment irlandais. Il avait été blessé alors qu'il se trouvait avec un groupe de câblage qui s'est dispersé sous le feu des mitrailleuses. Il a rampé dans un trou de Jack Johnson et est resté là, hors de vue des deux côtés, entre les tranchées, pendant huit jours et huit nuits. Il avait un petit biscuit et une bouteille d'eau, rien de plus. Les obus hurlaient au-dessus de nous ou éclataient à proximité, et les balles sifflaient d'avant en arrière au-dessus du trou d'obus. Il y avait des morts à tous les stades de décomposition. Lorsqu'une patrouille l'a découvert, il était resté là pendant plus de deux cents heures et il n'était pas fou. Nous parlons à la légère de « plus de morts que de vivants ». Il l'était littéralement lorsqu'il a été amené. La gangrène s'était installée depuis longtemps et son état était au-delà de toute description. Les chirurgiens généraux et les chirurgiens consultants parcouraient de longues distances pour le voir, un exemple sans précédent de la ténacité de la vie humaine. Il ne tenait qu'à un fil pendant plusieurs semaines, parfois un peu mieux, le plus souvent terriblement malade ; mais finalement, six semaines après son admission, il fut décidé qu'il pouvait être déplacé. Toute la gare est venue dire au revoir au vieux Burke, et tous ceux qui le pouvaient sont allés le voir descendre doucement par l'ascenseur dans la barge. Plus tard, nous avons reçu des lettres disant qu'il avait survécu à l'amputation de sa jambe et qu'il se remettait lentement. Mais c'est la période la plus longue pendant laquelle un patient est resté avec nous. Cependant, si court que soit généralement le temps, il était parfois suffisamment long pour devenir très intime, tant tous deux étaient prêts à se rencontrer. Il n'y a pas et il n'y a jamais eu de renouveau religieux, au sens habituel du terme, sur le front des Flandres, et je crains qu'il soit vrai que la guerre moderne frappe et brise la foi qu'il a jamais pu avoir chez beaucoup d'hommes. Pourtant, dans un hôpital, il y a de nombreuses raisons de croire que des qualités brillantes qui, parmi les raffinements de la civilisation, sont souvent absentes : une camaraderie fidèle, et même tendre, la volonté de juger avec bienveillance, voire de juger du tout, une endurance résolue et l'absence d'égoïsme, donc typiques de nos combattants, trouvent leur racine dans une véritable expérience religieuse plus souvent qu'on ne le voit immédiatement dans les bataillons. J'ai fait l'expérience, maintes et maintes fois, que chez les mourants qui ont sombré dans la dernière léthargie, insensibles à tout autre mot, le Nom de Jésus peut encore pénétrer et susciter. La respiration précipitée devient un instant régulière, ou les paupières vacillent, ou la main renvoie faiblement la pression. Je n'ai pratiquement jamais connu d'échec alors que toutes les autres communications avaient été interrompues. C'est sûrement très significatif et émouvant.

CHAPITRE IV

LES APRÈS DE LOOS

je

Le goût de la victoire

L'homme le plus joyeux sur le terrain est celui qui, pour ainsi dire, a été blessé en toute sécurité, c'est-à-dire dont la blessure est suffisamment grave pour l'emmener tout au long de la ligne, avec de bonnes chances de traverser jusqu'à Blighty, mais pas aussi grave que pour provoquer de l'anxiété. Je n'ai jamais rencontré une foule aussi hilarante que le premier lot de blessés des combats du 25 septembre 1915. Nous nous étions préparés à une « ruée ». Le grognement des canons était depuis quelques jours devenu plus profond et plus étendu. Il est en effet impossible de dissimuler une future offensive. L'heure et le lieu précis peuvent être inconnus, mais le rassemblement des hommes, l'accumulation de munitions et les préparatifs nécessaires pour un grand nombre de blessés annoncent inévitablement que quelque chose se prépare. Les militaires ne tardent pas à lire les signes des temps : ils disent, par exemple, qu'une inspection du général de division ne peut signifier qu'une chose. Il est difficile de dire combien de kilomètres passent de l'autre côté, mais les habitants locaux savent tout ce que l'on dit communément, et parfois bien plus encore. Ils ont des yeux dans la tête ; ils peuvent voir les charges d'entraînement se dérouler et noter quels régiments portent des marques de bataille sur leurs uniformes ; et les petites boutiques et estaminets ne sont que des clubs de soldats où les ragots sont « échangés » aussi librement que dans les clubs du West End de Londres, et malheureusement beaucoup mieux informés. Une femme travaillant dans une ferme m'a dit un jour vers quelle partie de la ligne une certaine division revenait de repos, et elle m'a donné une date. Les commandants des bataillons concernés n'en savaient rien, et même une rumeur tout contraire circulait, mais le temps donna raison à la vieille femme.

L'offensive de Loos ne fit pas exception et, pendant plusieurs jours, des pensées et des prières anxieuses remplissaient nos cœurs. Nous sommes passés de l'espoir au découragement, puis de nouveau à l'espoir. J'ose dire que les discussions autour de la table du mess étaient très stupides. Comparé aux premiers jours de la guerre, le pays semblait rempli d'hommes et nous entendions parler d'une grande accumulation de munitions. Tout semblait possible.

Le 25, à neuf heures du matin, les convois arrivaient et les blessés affluaient dans la salle de réception. Il s'agissait de « ambulants », des hommes qui avaient été blessés au début de l'attaque et qui, capables de marcher, s'étaient rendus à pied au poste de secours régimentaire. Tout allait bien quand ils sont partis. Ils bouillonnaient de bonne humeur et d'enthousiasme. Trois... quatre... non, cinq lignes de tranchées avaient été prises et « les Boche étaient en fuite ». Ils plaisantaient, riaient et se giflaient dans le dos, et en effet cette foule joviale présentait un aspect extraordinaire, enduit et enduit de boue, avec des tuniques déchirées et tachées de sang, avec des casques allemands, noirs ou gris, collés sur le dos de leurs vêtements. des têtes et des souvenirs étonnants « pour la femme ». Un homme, avec un regard plutôt coupable, sortit pour mon inspection privée de sous son manteau un énorme crucifix en argent d'environ un pied de long. Il l'a trouvé dans la pirogue d'un officier allemand, mais il provenait probablement d'une chapelle française en ruine. Tous les souvenirs récupérés sur des ennemis morts me répugnent. Il est heureux que tant de gens n'aient pas d'imagination. Je n'ai jamais non plus pu comprendre qu'on rapporte chez soi des fragments d'obus et des souvenirs de ce genre. Tout souvenir de ces scènes de sang indescriptibles est répugnant. Pourtant, le soldat britannique est aussi chevaleresque que courageux. Il prononce des paroles terribles sur ce qu'il va faire à ses ennemis, mais lorsqu'ils sont battus et en son pouvoir, il ne peut jamais y parvenir. C'était très frappant si l'on considère que jusqu'à tout récemment, l'Allemand était le « chien de tête » et combien nos hommes avaient souffert de sa part. Mais une fois le combat terminé, il est prêt à considérer leur compte individuel comme réglé. Je me souviens très bien d'un officier cracheur de feu qui allait enseigner à tous les prisonniers qui se trouvaient entre ses mains ce que signifiait la sévérité britannique. Au fil du temps, vingt Prussiens blessés arrivèrent. Le lendemain, il fut découvert en train de leur distribuer des cigarettes. Il faut maintenant se rappeler que le Tommy britannique n'est pas une classe à part ; il est simplement « l'homme de la rue », le peuple. Parfois, il y a une amertume sauvage, non sans raison, et souvent l'humeur maussade ou effrayée des prisonniers rendait l'amitié difficile, mais Tommy - et par ce nom j'entends le citoyen britannique sous les armes - ne nourrit pas longtemps de rancune lorsque le prix a été élevé. payé. Il est essentiellement chevaleresque, et même envers son ennemi, lorsque la passion du combat ou l'effort de la vigilance sont passés, il est d'une gentillesse incurable.

Une atmosphère d'espoir et de gaieté imprégnait la station de nettoyage ce premier matin de la « grande offensive ». En passant par une salle, j'ai dit à l'infirmière : « Eh bien, ma sœur, tout semble se passer à merveille. Elle leva les yeux sombres de la blessure qu'elle pansait et répondit : — C'est ce qu'on disait aux premières heures de Neuve Chapelle. J'ai été refroidi par ce qu'elle a dit et je me suis senti en colère contre elle.

II

Doutes et peurs

A mesure que la journée avançait, les nouvelles n'étaient pas très bonnes. La division Meerut, qui avait lancé devant nous l'attaque de confinement sur le Moulin du Pietre, était là où elle se trouvait avant d'attaquer, disent les blessés, à l'exception de quelques unités, notamment Leicesters et Black Watch, qui avaient apparemment disparu. Peut-être que tout ce qui avait été prévu avait été réalisé. Après tout, la vraie bataille – aucune ne pourrait être plus réelle et plus coûteuse pour ceux qui y participent qu'une attaque de confinement, aussi désespérée soit-elle – la bataille *décisive* s'est déroulée plus au sud, à Loos. Mais le changement d'humeur des blessés qui arrivaient était perceptible. Nos combattants détestent être battus, et l'histoire était celle de la confusion et du manque de soutien. Notre propre gaz, lui aussi, s'était attardé sur le sol, puis avait dérivé vers nos propres tranchées. Un jeune étudiant allemand qui a été amené blessé a admis le courage de la première ruée, mais il a déclaré : « Nous avons toujours compris que ces tranchées pouvaient être précipitées, mais nous savons aussi qu'elles ne peuvent pas être tenues sur un si petit front. Ils sont commandés des deux côtés. Au total, sept cents blessés et gazés furent amenés des régiments britanniques de cette division, et il y avait beaucoup de travail à faire.

Le dimanche était une journée ensoleillée et chaude, et dans l'après-midi, nous avons rassemblé tous ceux qui pouvaient marcher pour assister à un service dans la prairie verte derrière la salle d'opération. (Là aussi, ils étaient assez occupés, Dieu le sait.) Les hommes sont venus très volontiers. J'ai prononcé quelques mots du texte « Bienheureux les artisans de paix », car cette bénédiction s'adressait également à ces jeunes gens qui venaient de porter un coup si courageux pour un monde décent. Un tireur a ensuite déclaré : « Vous savez, je n'ai entendu que deux sermons depuis que je suis sorti il y a dix mois. L'autre était de l'évêque de Londres, et il a pris le même texte ! Il est en effet très difficile de bien servir les artilleurs ; ils étaient tellement dispersés en petits groupes. C'était très paisible ce dimanche après-midi – aucun signe de guerre nulle part, à l'exception de ses résultats mutilés – alors que ces hommes se souvenaient avec des larmes de ceux qu'il avait « plu à Dieu Tout-Puissant de retirer de ce monde transitoire et de le placer dans sa miséricorde ».

Chaque blessé a une lettre à écrire ou à faire écrire pour lui, et il était essentiel que, puisque les gens au pays savaient que de violents combats se déroulaient, tous les messages soient envoyés en même temps. C'est une des tâches bénévoles de l'aumônier, et nous y sommes restés proches tous les après-midi pendant quelques semaines après le début de l'offensive. Pendant quelque temps, le nombre de lettres était d'environ quatre cents par jour. Un certain nombre d'hommes avaient écrit des lettres d'adieu, très émouvantes à leur avis, mais je ne pensais pas qu'il était de mon devoir de les examiner de trop près. Ils s'étaient adressés à eux puis les avaient mis dans leurs poches, espérant que s'ils étaient tués, ils pourraient être découverts. Certaines avaient été achevées juste avant l'ordre de franchir le parapet. Mais ce qui était curieux, c'est qu'ils étaient renvoyés chez eux, avec quelques mots dans une note d'accompagnement disant qu'ils étaient bel et bien vivants, comme une sorte de souvenir. Dans les écrits rédigés après l'arrivée à l'hôpital, un sentiment de gratitude envers Dieu était très fréquent, ainsi qu'un grand désir de retrouver la maison et les enfants. Certaines expressions étranges étaient utilisées : une mère était appelée « Cher vieux visage » ou simplement « Vieux visage ». Mais les poètes écrivaient des vers sur les sourcils de leurs maîtresses, et pourquoi pas une lettre sur le visage d'une mère ?

Les prisonniers allemands envoyèrent un message leur demandant s'ils pouvaient parler avec le *Hauptmann-Pfarrer*. Ils m'ont supplié de faire savoir à leurs proches qu'ils étaient en sécurité. J'ai pris tous les détails et j'ai promis de demander au ministère des Affaires étrangères de les transmettre, mais je ne pouvais pas garantir que les messages passeraient, car leur gouvernement se comportait très mal à ce sujet. Ils voulaient tous que je sois sûr et que je dise que leurs blessures étaient légères (*leicht*).

Le lendemain, des ordres urgents furent donnés pour évacuer tous les blessés qui pourraient éventuellement être déplacés. D'après ce que nous avions entendu, les événements semblaient plutôt bien se dérouler à Loos, mais il y avait de vilaines rumeurs et l'atmosphère était d'un grand malaise. Après le dîner ce soir-là, le commandant, le major Frankau, m'a pris à part et m'a demandé de ne pas aller me coucher car ils auraient besoin de toutes les mains disponibles tout au long de la nuit.

III

Notre part des cinquante mille

Il était dix heures lorsque les premières voitures arrivèrent en grand nombre dans la cour de la gare, et les convois arrivèrent les uns après les autres jusqu'à cinq heures du matin. Puis, comme nous n'en pouvions plus, le ruisseau a été détourné vers l'autre station de déblaiement en haut de la route. Avant la guerre, le grand hululement d'une voiture semblait toujours dire : « Me voici, riche et rondelet, roulant confortablement sur mon chemin ; J'ai amassé beaucoup de biens et je peux me reposer » ; mais après cette nuit, cela avait un autre sens : « Lentement, tendrement, oh ! être pitoyable. Je suis brisé et je souffre », alors que les voitures avançaient lentement sur les routes inégales. C'était notre part des blessés de Loos, le surplus de « cas sur civière » graves qui ne pouvaient pas être accueillis dans les postes déjà surchargés immédiatement derrière leur propre front. Beaucoup étaient restés allongés sur le champ de bataille pendant de nombreuses heures. Ils appartenaient pour la plupart à la 15e division (écossaise) et à la 47e division (Londres). Tous deux s'étaient fait un nom immortel. Le premier est allé plus loin que tout autre et a payé le prix avec plus de six mille victimes. Toute cette nuit, la pluie est tombée à torrents. Elle coulait du haut et des côtés des ambulances, elle fouettait la cour jusqu'à s'élever en fines gerbes ; les lampes brillaient partout sur l'humidité : les visages dégoulinants et anxieux des conducteurs, les visages pâles des blessés, les yeux fixés sur leurs couvertures brunes trempées, les yeux perplexes dans leur douleur et leur détresse, comme ceux des animaux traqués ; et la salle de réception était remplie d'odeurs étouffantes de couvertures et d'uniformes sales et fumants, de corps humains séchés, de blessures et de mortalité. À l'arrivée de chaque ambulance, les civières, dont les occupants étaient pour la plupart silencieux, étaient doucement retirées et transportées dans le hall de réception et déposées sur le sol. Aussitôt, chaque homme, dont la nature des blessures le permettait, reçut une tasse de thé chaud ou d'eau froide et une cigarette. Deux par deux, ils furent hissés sur les tréteaux, examinés et pansés par les chirurgiens. Leur courage était, comme me l'a dit l'un des chirurgiens, surnaturel. C'était surnaturel. Je n'aurais pas pu croire ce qu'on pouvait endurer sans se plaindre, souvent sans même un mot pour exprimer l'horrible douleur, à moins de l'avoir vu. Au milieu de toute cette chair et ces os meurtris, saignants et brisés, l'esprit humain s'est montré très splendide cette nuit-là. La salle de réception se remplit enfin à ras bord et ne put être vidée. Toutes les salles, greniers et tentes étaient bondés. Au moment où l'autre station fut remplie, les deux hommes avaient accueilli trois mille hommes. Ils sont restés avec nous pendant une semaine, car les trains-hôpitaux étaient trop occupés derrière Loos pour venir vers nous. Chaque jour, chaque homme devait panser ses blessures. Certains étaient couverts de blessures ; beaucoup de blessures étaient dangereuses, toutes douloureuses ; et la gangrène gazeuse, que le chirurgien déteste tant voir, a dû être combattue encore et encore. Le personnel médical, au nombre de sept, travaillait jour après jour et nuit après nuit, avec habileté, tendresse et sans pitié. Il y eut également de très nombreuses opérations et des dizaines de décisions critiques difficiles.

Alors que nous quittions les formes couvertes de couvertures, je pensais avec amertume à la « gloire » de la guerre. Pourtant, s'il y avait une gloire dans la guerre, c'était bien celle-là. C'était ici, dans cette patiente souffrance et obéissance. Ces hommes pourraient bien se glorifier de leurs infirmités. C'était là l'héroïsme, la réalité, l'esprit s'élevant à des sommets incroyables d'endurance patiente dans le résultat possible et prévu d'une action positive en faveur d'un idéal. La réaction au combat est écrasante. Des passions que l'homme civilisé ne connaît tout simplement pas, tant l'expérience qu'il en fait dans les jours ordinaires est incolore, se déchaînent, colère, terreur, horreur et désir de tuer. Ainsi, pendant un certain temps, comme cela arrive presque toujours, même les blessures perdirent leur pouvoir douloureux dans le sommeil d'un épuisement sans fond. Ceux qui ne parvenaient pas à dormir étaient drogués à la morphine. Les gémissements ne s'arrêtaient jamais, mais montaient, descendaient et montaient encore. Cela m'a secoué le cœur. Nous nous sommes détournés des visages cendrés et sommes sortis dans la lumière grise du matin. Tout semblait très gris. Une brume s'élevait lentement de la Lys paresseuse, et nous nous demandions, en la traversant en frissonnant à travers l'herbe détrempée, ce qui se passait au-delà, là-bas, à Loos.

Le lendemain après-midi, à l'heure du thé, nous fûmes tous réjouis par la nouvelle qu'un homme qui s'était fait enlever la jambe trois heures auparavant demandait un coup de sifflet. On découvrit enfin qu'un des cuisiniers en possédait un. (Les cuisiniers de l'armée sont une race à part, possédant toutes sortes d'étranges accomplissements.) Il fut volontairement remis, et bientôt les accents d'« Annie Laurie » s'élevèrent doucement d'un lit de camp dans la salle VIII.

Un mois plus tard, l'aumônier principal m'a demandé d'aller dans un bataillon. Les aumôniers qui avaient passé l'hiver précédent avec des bataillons ne s'inquiétaient pas d'un nouvel hiver, si de nouveaux hommes pouvaient être trouvés. J'étais reconnaissant d'y aller, malgré toute la gentillesse de tous et les amitiés nouées. L'ingéniosité diabolique des blessures prenait le dessus sur moi.

Ma charge était une brigade contenant un bataillon des Gordon Highlanders, avec laquelle j'avais pour instruction de jouer. Mais le jour de mon arrivée, ce bataillon a été retiré de la brigade, et dès que le réaménagement a été achevé, j'ai été transféré dans l'un des bataillons du Royal Scots. Pendant que j'étais dans cette unité, son commandant et son adjudant ont été changés. Dans les deux cas, la cause était la promotion du fonctionnaire en question.

CHAPITRE V

LA TAMBOUR DE DUMBARTON

je

De retour!

Le débarquement du corps expéditionnaire britannique dans les jours lointains d'août 1914 fut l'un des grands moments de l'histoire. Et l'Écosse a une part particulière dans la fierté et le chagrin qui entourent ce grand jour, car dans son premier régiment sont centrés les souvenirs de guerre et d'endurance, d'alliances et d'inimitiés anciennes, sans équivalent dans l'histoire d'aucun autre régiment régulier. Le plus ancien régiment d'Europe était de nouveau sur le champ de bataille. Le First, ou Royal Regiment of Foot, connu aujourd'hui sous le nom de Royal Scots, lorsqu'il gravissait les rues escarpées de Boulogne, marchait sur un sol qui lui était sacré par le souvenir de campagnes héroïques. Des noms encore inconnus du monde lui étaient chers comme dernières demeures de ses camarades d'autrefois, des noms comme Dunkerque et Dixmude, Furnes et Ypres, Saberne et Bar-le-Duc. Le régiment de Hepburn s'était battu sur chaque centimètre du terrain sur lequel il devait désormais partager la plus grande de toutes les campagnes. Les tambours de Dumbarton se frayaient une fois de plus un chemin à travers l'Europe pour écrire l'histoire. La confiance de Gustave-Adolphe et de Turenne, de Marlborough et de Wellington, marchait avec eux comme une promesse de victoire ; et des vieux Royals, remontant poussiéreusement la rue pavée, parlaient tout le glamour des « victoires gardées par les siècles ».

La France était un pays souriant à cette époque, car le soleil brillait dans le cœur des Françaises alors que la rumeur de guerre montait des colonnes britanniques attendues avec anxiété et dérivait à travers les champs brillants d'août. Le 2e bataillon — le 1er était toujours en Inde — cheminait joyeusement. À cette époque, personne n'avait accès à cette vision morne des tranchées qui devait être une guerre pour l'esprit du soldat moderne.

II

Le premier choc de la guerre

Mons et le 23 août ont vu les Royals en action. Avec d'autres bataillons, ils occupèrent le saillant de Mons, point sur lequel le torrent de la guerre déferla pour la première fois et se dépensa pendant un bref instant. Dans cette nuit calme, il semblait suspendu comme le fait une grande vague avant de tomber. Alors que le bataillon gisait dans la tranchée peu profonde, le silence profond fut enfin brisé par l'appel aigu et clair d'un clairon, une seule et longue note, indescriptiblement étrange et menaçante, puis les hommes qui écoutaient entendirent le bruissement des pas se déplaçant dans l'herbe. avec une avance constante, régulière et inquiétante. La puissance allemande était en mouvement, et la fine ligne brune restait tendue et silencieuse, jusqu'à ce que seulement quarante pas séparent les deux. Puis, à un mot, la ligne des Royals se déchaîna dans une tempête de flammes qui balaya la ligne des hommes qui avançaient comme une faux balaie le maïs ; et pour l'infanterie britannique, la grande guerre avait commencé.

Mons était une victoire ; l'avancée allemande fut temporairement retardée. Mais toute la nuit, les troupes britanniques se retirèrent. Il était cinq heures du matin lorsque les Royals reçurent l'ordre de se déplacer, et la compagnie « A » prétend être la dernière de l'armée britannique à quitter Mons. Mais au Cateau, c'était une autre histoire. Ici, nos hommes ont appris ce que pouvait être le tir concentré de l'artillerie. Les tranchées peu profondes furent détruites ; nos artilleurs, désespérément surclassés en poids et en nombre de pièces, ne pouvaient pas faire grand-chose, malgré la plus grande bravoure, pour protéger l'infanterie ; et le fait que l'armée ait pu se retirer était une preuve frappante de sa stricte discipline. Audencourt était un désastre. Le colonel McMicking, blessé près de ce village et laissé sur place, comme devaient l'être tous les blessés incapables de marcher, fut de nouveau frappé alors qu'il était transporté hors de l'église en feu. Le commandement revenait au major, aujourd'hui brigadier-général Duncan. A partir de ce moment, les canons allemands avaient la portée des routes et une telle supériorité de feu qu'ils pouvaient faire presque ce qu'ils voulaient. L'infanterie, d'abord furieuse de la nécessité de battre en retraite, se tourna encore et encore — tout comme les canons — vers ses poursuivants, mais malgré cela, la pression était dangereusement proche du point de rupture. L'ennemi disposait de tous les moyens de transport mécaniques et pouvait trouver le temps de se reposer. Nos hommes durent avancer jusqu'au dernier point de l'endurance humaine. Il n'y avait pas de répit. La Légion étrangère française a un dicton sombre : « Marchez ou mourez ». Ici, le mot était « Marcher ou être capturé », et même lorsque tout autre sentiment conscient, sauf celui de l'épuisement total, semblait mort, quelque part au plus profond de leur cœur, la volonté d'endurer les poussait à continuer.

N'y a-t-il aucun peintre, aucun poète qui puisse consacrer aux générations futures la mémoire de cette scène historique ? Nous avons ici un aperçu soudain de la Grande-Bretagne à son meilleur. Le soleil brûlant, le tourment des pieds brûlants sur les routes cruelles, blanches et sans fin, l'odeur, la vue et le bruit de la mort et des blessures, la pression des hommes pressés, l'amour de la vie et l'horrible solitude de la peur - tout cela était une circonstance géante ; mais il ne pouvait pas éteindre les âmes des hommes créés à l'image de Dieu pour la souffrance, l'endurance et le triomphe. Anglais, Irlandais et Écossais – mais frères dans la haine de la retraite et dans leur détermination à avancer jusqu'à ce qu'ils puissent se retourner et frapper

– le glamour des grands noms flottait autour de tous ces bataillons en lambeaux ; et l'essence même de ce régiment se trouvait dans le plus ancien de tous, en histoire et en campagnes, ce fameux régiment des Lowlands. À ce moment-là, ils ne pensaient pas grand-chose, voire pas du tout ; Les simples faits physiques étaient trop pressants, mais dans leur victoire désespérée sur les circonstances, ils ont écrit la page la plus dorée de leur histoire et enrichi le sang de tous ceux qui les ont suivis.

Vous pouvez trouver un certain humour dans la guerre si vous le recherchez, même si la guerre n'est pas amusante et que la vie à la maison comporte bien plus d'incidents divertissants que la vie au front. Un officier des Royals s'est endormi profondément dans une tranchée au plus fort d'un terrible bombardement et s'est réveillé pour se retrouver seul parmi les morts. (Il nous fait rire quand il raconte cette histoire, mais à l'époque, cela ne pouvait pas être simplement très humoristique.) Il poursuivit l'armée en retraite et cependant, à cause de l'erreur d'un officier à un carrefour qui disait « Troisième division à droite, telle division à gauche », alors que cela aurait dû être l'inverse : il s'est égaré, il a retrouvé le bataillon quinze jours plus tard. Deux autres arrivèrent en vue du dernier pont dressé sur une rivière au moment où l'explosif allait exploser, et prétendirent que, courant furieusement vers le pont, ils persuadèrent l'ingénieur responsable de retarder le moment fatal en brandissant un gros pain, le plus rare de tous les articles sur les talons d'une armée en retraite. Un autre, envoyé en avant pour chercher un logement dans un château, aperçut une belle salle de bains, et s'apprêtait à profiter d'une occasion inestimable, lorsqu'il vit que l'ennemi était sur lui et s'enfuit en toute hâte. L'officier des transports, regardant au coin d'une maison, vit son véhicule bien-aimé, qu'il avait rassemblé et chéri jusqu'à ce qu'il soit réputé le meilleur de l'armée, monter dans des bois d'allumettes et des éclats de fer. Un subalterne, se retrouvant au sol, découvrit avec horreur qu'il avait un trou dans la poitrine, mais il se débattit courageusement, tantôt marchant, tantôt volant sur un fauteuil roulant - attrapant juste le dernier train de tous - et arrivant finalement à L'Angleterre sans autres articles d'équipement ou de vêtements qu'un pyjama rose et une seule lunette.

A Meaux, les clochers de Paris étaient en vue ; mais l'heure avait sonné, et les Royals se tournèrent enfin pour les poursuivre.

III

Au nez du saillant

Le bataillon avait depuis lors connu de nombreuses épreuves, sur la Marne, l'Aisne et la Lys, et dans la guerre de tranchées de Hooge à Neuve Chapelle. Voici une image d'une journée de combat tirée du journal d'un témoin oculaire – une simple note de faits. Il fait référence au 25 septembre 1915 :

« La brigade s'est formée dans la tranchée dans l'ordre suivant, de gauche à droite : 1er Gordons, 4e Gordons, 2e Royals, une compagnie Royal Scots Fusiliers. Chaque bataillon reçut un point d'attaque distinct, à savoir la ferme Bellevarde, le château de Hooge, la redoute et le château de Sandbag. Bombardement d'artillerie 3h50-4h20 ATTAQUE générale alors lancée. La compagnie « B » était au nez du saillant ; Compagnie « C » à droite de « B » ; Compagnie « A » à gauche ; Compagnie "D" en pirogues en réserve. A 4 h 20 , le bataillon passe à l'attaque. Un silence complet a été observé et les baïonnettes ont été émoussées. La ligne de front a été capturée avec peu de pertes de notre côté, et peu de temps après, l'objectif final a été atteint avec succès. Notre ligne a été consolidée. Cent seize prisonniers appartenant au 172e Régiment du XV. Les corps prussiens furent pris ainsi que trois lignes de tranchées. Les quatre officiers de la compagnie « B » ont été touchés avant que la ligne de front allemande ne soit atteinte. Le contact est établi avec RSF à droite et 4ème GH à gauche. Il y a eu de violents tirs d'obus allemands sur les tranchées capturées. Un groupe de la compagnie "D" a tenté de créer une tranchée de communication jusqu'à notre ancienne ligne de front, le 1er Gordon n'a malheureusement pas pu atteindre la ligne de front allemande en raison de câbles non détruits et trop épais pour être coupés. Un écart s'est ainsi creusé entre le 1er et le 4e Gordon. L'ennemi a poussé les bombardiers à travers, se plaçant ainsi derrière le 4e Gordons. Des combats désespérés au corps à corps s'ensuivirent. La compagnie OC "A" a été contrainte de défendre son flanc gauche. Une contre-attaque allemande se déplaçant du nord au sud par CT à travers la route de Menin, la mitrailleuse des Royals a fait une excellente exécution. Terrible bombardement par des poids lourds allemands (HE). La Compagnie "A" reçut l'ordre de se retirer sur notre ancienne ligne de front pour entrer en contact avec le 4e GH sur la gauche. La société "B" chargée de rester en contact a reçu l'ordre de faire de même. La Compagnie "C" traque l'ennemi à l'arrière gauche, la position devient critique. Aucun bataillon maintenant sur la gauche, le 1er Gordons ayant échoué dans son objectif, et le 4e ayant été retiré suite à une attaque de flanc devant le 1er. Pas de bataillon non plus sur la droite. Compagnie "C" en danger d'être encerclée. Le capitaine NS Stewart a personnellement signalé le danger de sa position. Une compagnie du 4e Middlesex fut précipitée - tous nos hommes étant alors épuisés - jusqu'au nez du saillant, mais ne put le tenir en raison d'un terrible barrage de tirs. La compagnie "C", complètement isolée, se fraya un chemin à la baïonnette jusqu'à son ancienne ligne de front. Le colonel Duncan réorganise la ligne de tir. Les deux camps ont passé la nuit à rassembler les blessés.

Ainsi se termina l'attaque de confinement depuis le saillant d'Ypres. Mais chaque phrase ne stimule-t-elle pas l'imagination ?

Deux jours plus tard, le commandant du corps, en remerciant personnellement le bataillon, le félicita pour « l'apparence élégante des hommes qui *ne montraient aucun signe de ce qu'ils avaient enduré* ».

C'est à ce fameux bataillon d'un grand régiment que j'étais désormais attaché comme l'un des quatre aumôniers presbytériens de la « Troisième Division combattante ».

CHAPITRE VI

GUERRE HIVERNALE

je

La zone des coquillages

La zone d'obus est tout le terrain derrière les tranchées qui est naturellement sous le feu des canons ennemis. Ce n'est donc pas un endroit agréable pour s'y promener, et notre propre artillerie, intelligemment dissimulée, est susceptible d'ouvrir le feu à l'improviste à quelques mètres du passant, d'une manière très inquiétante. C'est un pays morne ; un air humide y règne, une atmosphère de destruction et de mort, d'humanité détériorée et désolée. Je me souviens de l'extase avec laquelle, un après-midi d'avril, certains d'entre nous se retrouvèrent parmi les jacinthes violettes de la colline de Kemmel. Pauvre Kemmel, autrefois lieu de villégiature où allaient les Belges heureux pour leur santé, aujourd'hui bien loin de là — et pas particulièrement en bonne santé ! Ces villages meurtris ne sont plus que sordides ; seule Ypres conserve une personnalité, un air invaincu qui lui est propre. C'est aussi une ruine, mais contrairement aux autres, c'est une ruine splendide. À chaque carrefour sont suspendus des crucifix maussades. L'esprit britannique n'aime pas cette répétition constante de mauvaises manipulations et de défaites dans la mort du Christ. Il ne semble pas que ce soit le message final de la Croix. En effet, c'est le produit de l'esprit monastique médiéval. Il faudra attendre le Xe siècle pour que les représentations de la Crucifixion montrent Notre-Seigneur mort ; c'est bien plus tard que l'accent fut mis sur l'agonie et le désespoir. Un jour, parmi les débris du couvent de Voormezeele, j'ai récupéré une telle représentation du Corps du Christ, sans membres, bras cassés tendus, et cela semblait être un symbole. Mais ce n'est pas la vérité finale, la défaite et le désespoir. Les sanctuaires du carrefour ne mépriseraient pas ces groupes d'insulaires vagabonds s'il en était ainsi. Et lorsque vous regardez les parados de la tranchée de tir, à travers la campagne blanchie et marquée, vous vous souvenez que *cela* , comme les scènes d'agonie dans la station de nettoyage après Loos, est la preuve claire et visible que Son Esprit vit dans le monde. des hommes. Mais quelle Via Dolorosa, ce sinistre fossé creusé à travers l'Europe, avec ses hommes accroupis derrière les plaques des tireurs d'élite. Étrange chemin à parcourir pour le vingtième siècle, pour prouver que la compassion et la droiture sont toujours vivantes.

Dans toute cette zone, le soldat britannique marche avec une *insouciance singulière* . Ce n'est pas simplement qu'il est courageux. Il l'est, de manière suprême, et notamment lorsqu'il a très peur et ne le montre pas et continue son travail. Mais il y a plus que cela. Il y a en lui une sorte de génie guerrier qui lui fait faire ce qu'il faut, de la bonne manière, de sorte qu'il fait appel à l'humour et à la camaraderie aussi bien qu'à la galanterie. C'est un de nos sergents-majors qui, avant une attaque de bataillon, offrit 5 £ à l'homme de sa compagnie qui se trouvait le premier dans la tranchée ennemie. Pensez-y un instant. Il faisait appel à leur instinct sportif ; il détourna leurs pensées de la mort et des blessures et introduisit une plaisanterie dans chaque pirogue cette nuit-là ; et il indiqua, sans se vanter, qu'il allait passer le premier le parapet. Il s'est assuré que tous les sportifs de l'entreprise - et les habitués britanniques ne le sont pas - mettraient tous leurs nerfs à rude épreuve pour être le premier à passer. Et le comble de la plaisanterie, c'est que, fidèle athlète qu'il était, il était le premier à se montrer lui-même ! On peut en dire autant de l'officier ; il gagne plus que l'obéissance de ses hommes. J'ai vu des sous-officiers supérieurs pleurer comme des enfants parce que leur jeune officier était mort.

À ce courage, à cette camaraderie et à cet humour s'ajoute souvent une grande part de fatalisme. Cela s'exprime de bien des manières, dans la lecture d'Omar Khayyam – « Le bal sans question fait des oui et des non » – par exemple, dans l'indifférence si souvent manifestée par les hommes s'ils perdent par leur propre faute un « travail confortable » et il faut retourner à la ligne, ou faire des choses vraiment stupides, stupides parce que dangereuses, mais inutiles. Je me souviens d'être assis devant la pirogue du capitaine Chree (qui a ensuite donné sa vie dans la Somme) au quartier général du bataillon et d'avoir observé le bombardement d'une de nos batteries de 18 livres à environ cinq cents mètres en arrière. Les Allemands l'avaient recherché à plusieurs reprises en dépensant énormément de munitions, et cet après-midi-là, ils l'avaient obtenu à plusieurs reprises, avec des résultats très désagréables. Mais bien sûr, il y a eu de nombreux ratés. Chaque fois que les obus allemands échouaient, ils éclataient sur le terrain, devant la batterie, limitée des deux côtés par une route. Au milieu du bombardement, un soldat descendit la route qui nous faisait face et, au lieu de contourner les carrefours, traversa le champ où éclataient les obus. Il a délibérément délaissé une sécurité relative pour un danger réel simplement afin de s'épargner cinq minutes de marche. Une autre fois, alors que j'étais un soir au crépuscule dans la Vierstraat, un Tommy est arrivé avec un fardeau. À ce moment-là, il s'est fatigué et l'a planté en plein milieu du carrefour. Un autre homme lui dit qu'il n'aurait pas pu choisir un pire endroit pour se reposer, que les Boche tiraient toujours avec des fusils et des mitrailleuses sur la route, mais qu'il ne se déplaçait qu'avec la plus grande difficulté. Peut-être que dans une autre classe se trouvait le soldat que le médecin et moi avons rencontré soudainement dans une maison en ruine à Ypres, frappant de toute la force d'une botte ferrée la mèche d'un obus allemand non explosé. Un ami, les mains dans les poches, regardait les débats avec beaucoup d'intérêt. Il a dit qu'il voulait seulement le fusible comme souvenir, mais qu'il l'aurait bientôt à garder et bien plus encore. Le médecin était plutôt maussade, comme on dit !

Lorsqu'une attaque est lancée ou repoussée, la concentration des batteries en action transforme le pays devant elles en un cauchemar de bruit, « un bruit terrible et intolérable », selon l'expression de Froissart. Le claquement incessant des canons rend impossible l'audition des obus ennemis. La première indication est leur arrivée. Mais les aides-soignants parcourent tout cela avec un superbe courage. Les blessés descendent le long de la ligne de tramway jusqu'au poste de secours, et un groupe occasionnel de prisonniers passe. C'est un jour comme celui-ci que j'ai vu Davidson et Rainie pour la dernière fois. Lorsque les Royals furent remontés des tranchées de soutien pour prendre la relève du bataillon qui avait lancé l'attaque de Saint-Éloi, quelqu'un dit au capitaine Davidson, qui montait à la tête de sa compagnie à travers un terrible barrage : « Ceci ça va être une affaire risquée. «Oui», répondit-il, «mais ce n'est pas notre affaire que ce soit risqué ou non. Mes ordres doivent être exécutés. Peu de temps après, il est tombé. Il avait à peine vingt ans.

II

"Je déteste la guerre : c'est pourquoi je me bats"

Il y a un jardin à Vlamertynghe avec un banc de marbre renversé à côté d'un arbre brisé, un coin fait autrefois pour les amoureux. Un énorme trou de croupe remplit la plus grande partie du jardin, et le mur est tombé vers l'extérieur en une seule masse, laissant les arbres fruitiers alignés, les bras tendus. De l'autre côté de la route, le capitaine Norman Stewart est enterré. Mais sa mémoire vit dans le cœur des hommes, et partout où le 2e bataillon se rassemble autour de ses braseros et à la lueur de ceux-ci les histoires des héros du régiment sont transmises des vétérans aux plus jeunes, Stewart restera dans les mémoires avec révérence. comme quelqu'un qui a non seulement maintenu mais créé la tradition régimentaire.

Ce fut un bombardement au cours duquel il mourut, les détachements du Suffolks, du Middlesex et du Royal Scots, sous sa direction, ayant reçu l'ordre de chasser l'ennemi de la pointe du saillant. Les barricades ont rendu la progression presque impossible face aux tirs meurtriers de mitrailleuses. En raison de la nature confuse des combats, aucun quartier ne pouvait être accordé et des combats désespérés s'ensuivirent à coups de bombes, de baïonnettes et de corps à corps. Finalement dix mètres furent gagnés et le terrain consolidé.

À un moment donné du combat, trouvant des progrès autrement impossibles, le capitaine Stewart monta au sommet de la barricade à la vue de l'ennemi, avec des obus et des bombes explosant tout autour et sous le feu des mitrailleuses et des fusils. Bien que blessé, il resta là, face à une mort certaine, pendant plus de dix minutes. De seau après seau qu'on lui tendait, il continuait à lancer des bombes sur l'ennemi qui se pressait en dessous, jusqu'à ce qu'un tireur d'élite se glisse sur son flanc et que cet héroïque Écossais tombe.

"Ils passent, ils passent, mais ne peuvent pas passer,
car *l'Écosse* les sent dans son sang comme le vin."

La veille de sa mort, Stewart a dit à un ami : « Je déteste la guerre : c'est pourquoi je me bats. »

III

Billets et camps

Les camps dans lesquels le bataillon revenait après chaque tour de tranchées étaient pour la plupart hors de danger, à l'exception d'un obus occasionnel, mais ce n'est que lorsque nous avons été retirés vers la « zone de repos » que nous avons ressenti un sentiment de liberté pour nous installer. descendre et faire le point sur nous-mêmes. Le colonel Duncan et le colonel Dyson, à qui je dois d'innombrables gentillesses, étaient de fervents disciplinaires, et le major Everingham, l'intendant, imperturbable, efficace, pouvait réellement accomplir des exploits presque surhumains. Un homme ne peut connaître que son propre département, et dans le mien, l'étendard d'un bataillon se manifeste par son attitude à l'égard des observances religieuses. Un mauvais bataillon trouve trop d'engagements pour se présenter en effectif le dimanche. J'étais si fier que les vieux Royals, tous les hommes disponibles lors du défilé, marchaient derrière leurs cornemuses et leurs tambours, alertes, soignés, pointilleux dans toutes les formes mineures qui sont une preuve si importante de l'état d'un bataillon. Dans les logements de repos, nous nous sommes tous mis au travail ; il y eut des défilés et des manœuvres, des cinématographes et des courses de fond, des matchs de football et des compétitions de boxe. Ces hommes déshabillés étaient bien plus beaux que dans leurs vêtements. De combien de personnes exerçant des professions civiles peut-on en dire autant ? Le bataillon serait réaménagé ; la grande cuve d'un brasseur fut réquisitionnée pour servir de lieu de baignade ; l'école du village était transformée, chaque soir, en salle de récréation ; et une classe de communiants a été ouverte. Ce n'est pas la première fois que j'aspirais à une déclaration brève et claire de la foi de notre Église. Les catéchismes et les confessions encombrants et compliqués sont des monuments magnifiques, mais ils sont pire qu'inutiles dans de telles conditions. Un *Credo* qui pourrait être écrit sur un tableau noir et présenté comme la confession de foi essentielle du membre de l'Église, à développer et à élargir selon les besoins et les circonstances, serait un véritable pouvoir entre les mains d'un aumônier. Le comportement des hommes dans les cantonnements – des granges délabrées pour la plupart – était presque exemplaire. Une ou deux fois seulement, de petits épisodes se produisirent à propos des nids de poules, et une fois, un cochon de lait fut abattu au milieu de ses frères en pleine nuit. Ce devait être une folie passagère qui s'emparait de l'auteur de cette escapade, car il n'avait aucune chance de s'en sortir. On a plaidé en sa faveur, lors de sa comparution devant le colonel, qu'il avait récemment accompli un acte de bravoure, mais comme quelqu'un l'a dit : « Si tout homme qui a accompli un acte de bravoure était autorisé à tuer un cochon, il n'y aurait pas de cochon ». laissé en Flandre.

C'est la pureté de l'air et du sol qui rendait un repos parmi les vastes forêts du Pas de Calais si différent de celui plus proche de la ligne. Pour emprunter des allées cavalières et des routes sans circulation de camions et laisser votre cheval s'étendre à toute vitesse sur les feuilles mortes le long d'une longue vue gris-violet d'arbres nus, et sentir le vent propre siffler à vos oreilles et sentir les odeurs fraîches de Dans les grands bois, voir la fumée bleue s'élever d'une maison de forestier, ou, l'espace d'un instant, apercevoir une scène de conte de fées où des charbonniers sont regroupés dans une clairière, c'était entrer dans un autre monde de pensées et de sentiments. . Mon petit cheval John, l'un des cinq chevaux restants de ceux qui ont traversé avec le bataillon, l'a ressenti aussi – il a pensé qu'il était peut-être de nouveau dans la vieille Angleterre. Mais le soldat britannique déteste les manœuvres, les marches, les exercices et les inspections. Il préférait être laissé en paix dans ses tranchées, au moins dans une partie « calme » de la ligne, plutôt que de se soucier de ces choses-là. Le mouvement a également sur lui un effet exaltant, de sorte que lorsque l'ordre lui est donné de se remettre en action, il s'en va avec une remarquable bonne volonté. Je me souviens d'un bataillon des Royal Welsh Fusiliers, soudainement sorti du repos, sorti de la station en chantant une chanson dont le refrain était quelque chose comme « Ai, ai ! Votez pour un jeu ! » au sommet de leur voix. Et ce n'est en aucun cas un jeu. Comme le disait le Colonel (très modérément) : « La vie ici n'est pas que joie ! »

Un soir de novembre, je parcourais prudemment le camp de boue près de Reninghelst, et entendant l'air d'un hymne célèbre, je m'approchai pour l'écouter, car Jock chante parfois sur des airs d'hymne des paroles qui ne figuraient certainement jamais dans aucun livre de cantiques, et je Je voulais m'assurer que c'était *le* plus grand hymne en langue anglaise qui était chanté. C'était une nuit tranquille. De temps en temps, un canon lourd tirait une balle, et rarement, sous un léger vent soufflant des tranchées, on entendait le crépitement d'une mitrailleuse. De tout le camp montait le bruit sourd et confus d'une armée s'apprêtant à se reposer pour la nuit. Certaines tentes étaient plongées dans l'obscurité, dans d'autres une bougie brûlait et, ici et là, des brasiers brillaient encore en rouge. C'est de l'une des tentes éclairées que provenaient les chants, chaque partie étant prise, et une voix de ténor douce et claire en tête. L'air était un vieux « Communion », et ils venaient d'en arriver à ce vers :

"Ne me permets pas, Seigneur, que je me vante,

Sauf dans la mort du Christ, mon Dieu :

Toutes les choses vaines qui me charment le plus,

Je les sacrifie à son sang.

Combien de fois avons-nous chanté cela, peut-être inconsidérément, dans le confort de notre maison, mais ces gars-là avaient en vérité sacrifié les « choses vaines ». La gorge nouée, j'attendais le dernier couplet :

"Si tout le royaume de la nature était à moi,

C'était une offrande bien trop petite ;

Un amour si incroyable, si divin,

Exige ma vie, mon âme, mon tout.

CHAPITRE VII

COMMENT LES ROYALS ONT TENU LE BLUFF : UN ÉPISODE DE GUERRE DE TRANCHÉES

je

En attendant

Début mars, je me trouvai avec un bataillon des Royals dans une ville belge plutôt battue. Son centre recevait beaucoup d'attention de la part de l'artillerie ennemie, mais il offrait deux attractions qui attiraient des officiers des divisions tout autour. Après tout, pour les hommes habitués à vivre dans les tranchées, l'atmosphère était celle d'une paix proche du sabbat. La salle où « The Fancies » faisait une large place aux humours de la vie des tranchées devant un public ravi et bruyant était bondée nuit après nuit. Vous ne pourriez trouver nulle part plus de plaisir et de plaisir. La camaraderie frappante des soldats, l'expérience commune du public et des acteurs, et l'abandon de toute pensée pour le lendemain, donnaient cette impression d'insouciance joyeuse dont la racine n'est pas le bonheur mais la conviction que l'avenir est si incertain et les possibilités si incertaines. Il est terrible qu'il soit sage qui ne vit que pour l'heure, même si l'heure peut lui arracher la vie. J'ai cru connaître la tête devant moi et, en me penchant en avant, j'ai vu que c'était mon beau-frère. Cela m'a toujours semblé étrange que lui, qui était avec sa batterie depuis un an et demi, et moi, qui étais absent depuis neuf mois, nous serions retrouvés dans de telles circonstances. J'avais imaginé un champ sinistré et beaucoup de sang-froid manifesté dans un moment certes dramatique – quelque chose en ligne avec le « Dr. » de Stanley. Livingstone, je présume. C'était réconfortant de constater le contraire, mais, comme le dit Smee dans *Peter Pan* , c'était « exaspérant aussi ». D'abord en regardant dans une vitrine, et maintenant dans une salle de concert, pendant tous ces mois de guerre ! Nous avons dit : « Ce n'est pas un mauvais spectacle, n'est-ce pas ? « Pas mal du tout. » Mais il y a eu des rencontres étranges dans cette guerre. Un soldat de notre bataillon a découvert son fils, un garçon de dix-sept ans, dans un nouveau service qui venait d'arriver en ligne. Il s'était enfui de chez lui et avait disparu. Le père a remis les choses sur pied en battant son fils sur-le-champ dans la tranchée du devant !

Après tout, la guerre n'était pas très loin. Deux jours plus tard, nous déjeunions dans le restaurant confortable et chaleureux qui est l'autre attraction de cette ennuyeuse ville. Nous avons bu notre café au son du bruit désagréable des obus qui arrivaient. Chaque fois qu'un obus hurlait vers nous, la grosse dame derrière le comptoir tombait à quatre pattes, ressortant rouge et tremblante après que chaque obus ait éclaté. Nous étions plutôt amusés ; mais lorsque nous sortîmes et tournâmes au coin de la rue, le corps d'un homme était rapidement emporté, enveloppé dans une couverture marron. Quarante soldats, disait-on, avaient été tués et blessés. Des femmes distraites se tenaient par petits groupes dans les couloirs des maisons, et il y avait beaucoup de sang dans les caniveaux.

Seul un pays envahi par l'ennemi boit jusqu'à la lie la coupe de la guerre, mais l'étroite ceinture située à quelques kilomètres derrière les tranchées de l'armée amie jouit d'une grande prospérité. L'amour du foyer ou l'amour de l'argent maintient la population dans de nombreux endroits où elle serait mieux éloignée. Un beau jour de printemps, je me suis réfugié derrière une ferme dans le quartier de la Hallebast-Vierstraat jusqu'à ce que les bombardements sur le chemin se soient calmés. La femme du fermier est sortie et nous avons discuté. Une élévation du terrain offrait un certain abri contre les lignes allemandes, mais elle m'a dit que tout mouvement à cheval était immédiatement abattu à coups de sifflets. La veille, toutes ses vaches avaient été tuées par des tirs d'obus dans l'enclos derrière la ferme, mais si elle et son mari âgé laissaient leurs terres incultes, comment allaient-ils vivre, et s'ils partaient, où pourraient-ils aller ? ? Lorsque des explosifs puissants creusaient de grands trous dans leurs terres semées, ils se contentaient de combler les trous, de labourer et de semer à nouveau l'endroit. La tristesse installée de son visage et de sa voix me hante toujours. D'autres, cependant, restent en danger parce qu'ils gagnent beaucoup d'argent. Plusieurs commerçants de cette ville avouent n'avoir jamais connu une telle prospérité. Les estaminets font d'énormes profits sur la vente de bière très faible. Un de mes amis, ayant touché la solde du bataillon en billets d'un montant trop important, on lui a dit de retourner chez le payeur et de la retirer en sommes plus petites. Il trouva le bureau fermé et se dirigea vers un petit magasin de village pour voir s'ils pouvaient en changer une partie. À sa grande surprise, ils ont tout changé de la caisse. Le montant total était de dix mille francs. Mais combien de Belges ont tout perdu ?
Nos logements étaient propres et très aérés. Pour une raison quelconque, bien que tous les meubles aient été enlevés, les pressoirs, qui étaient tous ouverts, étaient remplis de beaux linges de lit et de table. C'était très tentant, mais heureusement nous avons résisté à la tentation. Le lendemain de notre arrivée, vers sept heures, une perturbation s'est produite en contrebas. Des voix de femmes en colère se faisaient entendre dans une altercation avec les domestiques, des pas précipités se faisaient entendre dans l'escalier et, un instant plus tard, notre porte s'ouvrait violemment. Deux Belges robustes sont arrivées et ont exigé des réponses à de nombreuses questions. Nous adoptâmes le plan de notre ami le major et feignîmes de connaître encore moins le français que nous. Nous avions hâte d'être très inoffensifs tandis que nous étions allongés par terre et regardions ces individus déterminés ouvrir les presses et les armoires. À l'intérieur, le linge gisait intact, soigneusement plié ; nous étions reconnaissants de l'avoir laissé ainsi. Ils sont

repartis et nous avons entendu la voix du colonel protester à côté. Le médecin et moi nous sommes regardés. Il paraissait un peu pâle, et je remarquai pour la première fois que sa tête reposait sur un énorme oreiller moelleux recouvert d'une taie de lin impeccable bordée d'une belle dentelle. Mais le lendemain matin, nous avons eu un réveil différent. L'aube se levait faiblement de l'est jusqu'à un autre jour sur le Saillant. Les vitres brisées claquaient et le sol tremblait sous le bruit sourd et continu d'un bombardement concentré. Nous nous sommes couchés et avons écouté, et pour la millième fois nous avons détesté la guerre. Nous savions que des hommes, dont certains que nous connaissions et aimions, franchissaient le parapet et que beaucoup ne reviendraient jamais.

Cette nuit-là, à la tombée du crépuscule, le vieux clocher au flanc déchiré dominait les rues pavées peuplées de rangées ordonnées d'hommes prêts à se déplacer. Ici et là, quelques officiers parlaient ensemble, ou un homme éclairait son copain avec sa cigarette, ou bien les sangles étaient resserrées. Une crosse de fusil résonna sur le trottoir et le cheval de l'adjudant remuait ses pieds avec agitation. Ces hommes ne se faisaient aucune illusion sur ce à quoi ils seraient probablement confrontés ; mais personne ne devinait que l'attendait la plus terrible épreuve d'endurance physique que le vieux bataillon, depuis la grande retraite, ait jamais connue.

II

Le bluff

Voici ce qui s'était passé. Peu de temps après que notre division eut été ramenée à l'aire de repos, une partie de la ligne qu'elle tenait fut fortement attaquée et perdue au profit de l'ennemi. Plusieurs contre-attaques échouèrent et finalement notre propre division fut ramenée du repos pour reconquérir les tranchées perdues. Une brigade a attaqué avec beaucoup d'élan et de succès. Les tranchées perdues furent réoccupées et notre propre brigade, qui était en appui, reçut l'ordre de les reprendre et de les retenir contre les contre-attaques attendues. Le Bluff, qui était l'élément principal de la position et la pire partie de laquelle les Royals, en tant que bataillon supérieur, étaient chargés de tenir, était une colline basse s'avançant à l'entrée du saillant, au sud-est d'Ypres. . C'était une position tactique solide commandant les abords de nos tranchées, comme l'ennemi le savait bien. Vu de notre ligne de front, plus au sud, il avait l'aspect mort et sombre de tout terrain très bombardé. Piquée par des explosifs puissants, brûlée en jaune par les vapeurs de gaz et d'obus, et dépouillé de tout être vivant, avec des souches d'arbres noircies éparses à son sommet, cette butte boueuse dominait les terres plates et, le matin ensoleillé où j'ai vu pour la première fois cela semblait indescriptiblement sinistre et menaçant. Il m'a dit : « Je suis la guerre, l'antagoniste de tout ce qui est propre et beau, de tout ce qui est frais et jeune

: la misère de l'esprit et du corps, le tourment de la bonne terre et de toutes
ses petites choses qui poussent, l'amant de tout ce qui est immonde et mort.
'

III

"Nous avons conservé la réputation de la vieille mafia, de toute façon"

Cette nuit-là, le temps a soudainement changé. Il y avait eu un soupçon de
printemps dans l'air, mais en une heure, celui-ci fut anéanti par un vent âpre
du nord balayant les champs nus de pluie et de neige glaciales. Le transport,
stationné dans le bourbier crasseux connu sous le nom de « Scottish Lines »,
a vu son travail de trois semaines gâché en quelques nuits. Pour les êtres
humains, il y avait quelques tentes et cabanes, mais face au vent pénétrant, la
toile semblait assez poreuse, et les cabanes étaient mal construites et avaient
une centaine d'ouvertures sur l'air âpre. Mais à Bluff, les conditions étaient
terribles. Les tranchées avaient disparu sous les bombardements répétés et
n'étaient plus que des chaînes de trous d'obus dans lesquels les hommes se
tenaient jusqu'aux cuisses dans la boue liquide. Lorsque le commandant est
arrivé pour prendre possession de l'abri du quartier général, il l'a trouvé en
morceaux. À l'intérieur se trouvaient les corps des occupants précédents,
quatre officiers. Une autre pirogue a finalement été trouvée. Il se trouvait au
fond d'un talus, au bout d'un passage étroit de vingt pieds de long. À
l'intérieur se trouvait une chambre de six pieds de long, quatre de large et
quatre de haut, et dans cet endroit, si horriblement semblable à une tombe,
le commandant en second et l'adjudant vécurent trois jours et quatre nuits.
Une bougie éclairait, et chaque fois qu'un obus éclatait au-dessus, la flamme
s'éteignait brusquement. Le sergent-major, les aides-soignants et les
domestiques vivaient dans le tunnel, accroupis dans la boue. Dehors, il n'y
avait aucune autre abri. Les bombardements étaient continus, mais le froid
était bien pire. Les hommes s'enfonçaient dans la boue et restaient immobiles
pendant des heures. Beaucoup sont tombés dans des trous d'obus et ont dû
être évacués à l'aide de fils téléphoniques tordus. Les blessés ont
horriblement souffert. A cause de la boue et du barrage allemand, aucun
ravitaillement ne pouvait être acheminé et il était impossible d'allumer des
braseros. La quatrième nuit, les secours arrivèrent, mais il faisait jour avant
que la dernière compagnie ne sorte de ses trous de boue et ne revienne à la
vue de l'ennemi. Heureusement, une tempête de neige aveuglante est tombée
du nord et a masqué tout mouvement au moment même où il semblait
certain qu'un désastre allait se produire. Tous les véhicules disponibles furent
envoyés à la rencontre du bataillon, mais il fallut une longue marche avant de
pouvoir les atteindre. Les hommes se glissaient sur les pieds détrempés et
enflés – aucune bottes en caoutchouc n'était disponible. Ils arrivaient en
groupes, tantôt de deux ou trois, tantôt de six ou sept, ou encore un par un.
Ils étaient courbés comme des vieillards et chancelaient en marchant, le

visage fixe et gris. Le plus terrible de tout était le silence total. La neige étouffait la chute des pieds traînants ; elle s'étendait en masse sur les masses de ruines des villages vides et détruits ; et lorsque retentirent les salutations du major de brigade, les hommes reculèrent et parurent craintifs devant ce bruit soudain. Pourtant, lorsque je parlais à quelqu'un, alors qu'il titubait dans la neige au-delà du point où j'étais allé à sa rencontre, la vie surgissait un instant du fond de cet épuisement final. « Quel prix Charlie Chaplin maintenant, monsieur ! dit un homme dont les pas hésitants le conduisaient ici et là. Et un autre, en termes simples, résumait l'esprit simple et héroïque de tous : "Eh bien, nous avons conservé la réputation de la vieille foule, de toute façon." Des hommes indomptables ! Qui pourrait un jour vous vaincre ?

Le repos signifiait des planches de tente sous une toile gelée, mais c'était du repos. En cette matinée fatigante, même les contours peu attrayants du village de   Reninghelst   semblaient   être   leur   chez-soi.

CHAPITRE VIII

LE TRIANGLE HISTORIQUE

Il est certain que tant que les grandes actions attireront la race britannique, ces kilomètres fatigués resteront toujours sacrés. À l'intérieur d'eux se trouvent les innombrables morts britanniques, « les morts chers, pitoyables et augustes ». Camarades des guerriers intrépides de Gallipoli, camarades des marins tombés en combattant dans les eaux froides de la mer du Nord, frères de tous les hommes courageux qui souffrent pour une cause pure, ils nous laissent la question. Tant que l'Empire britannique perdurera, et il durera aussi longtemps qu'il œuvrera pour Dieu et non plus, la mémoire des héros du saillant d'Ypres vivra et brillera.

« Je déteste la guerre : c'est pour cela que je me bats », dit l'un d'eux. Ils ne se sont pas battus uniquement pour leur pays, mais parce qu'ils pensaient mener la guerre elle-même. Nous ne serons pas fidèles à leur mémoire si nous ne nous en souvenons pas. « L'esclavage existera toujours », disaient les défenseurs de l'esclavage. "Il est impossible d'empêcher ces choses, la nature humaine étant ce qu'elle est", ont déclaré d'autres écoles comme Dotheboys Hall. Il y a peu de temps, l'Angleterre et l'Écosse étaient à couteaux tirés ; un peu avant que ce clan ne se jette sur le clan avec une fureur vindicative. Lorsque nous aurons vaincu l'Allemagne, qui défend la vieille croyance païenne et pourrie en de vieilles choses pourries et païennes, nous devrons veiller à ne pas trahir les hommes qui sont morts au combat parce qu'ils détestaient la guerre.

Mais la guerre a aussi du bon, disent-ils. Oui, et au milieu de ses torts hideux, il y avait sans aucun doute du bien dans l'esclavage, comme il y en a dans le cancer ou la cécité. Presque tous les maux ou souffrances peuvent être à l'origine de nobles qualités, et la guerre ne fait pas exception.

Ces hommes sont morts dans l'espoir qu'il serait impossible à une nation civilisée d'imposer à nouveau ce mal à la race humaine. Ils sont morts en nous faisant confiance et en veillant à ce que l'Europe n'ait plus à choisir entre l'alternative d'entrer dans une telle agonie ou d'oublier son honneur envers Dieu. La force, semble-t-il, doit rester longtemps le dernier remède, mais ne pourrait-elle pas être une force reposant sur un pivot et frappant avec efficacité partout où le crime international cherche à troubler la paix des nations ? La simple connaissance d'une telle détermination unie serait au moins un puissant moyen de persuasion. Ce n'est peut-être qu'un rêve. Le fait immédiat est qu'il faut d'abord écraser la doctrine de la volonté de puissance, représentée telle qu'elle l'est aujourd'hui par l'Allemagne et ses dupes. Mais les hommes qui ont traversé la fournaise ne se contenteront pas de moins que de la tentative solennelle, au nom des morts, de placer les nations du monde dans des relations les unes avec les autres plus dignes que celles qui ont prévalu jusqu'à présent. Nos frères tombés au combat sont morts dans l'espoir que la vie des générations futures serait différente. Ils sont morts en croyant que, grâce à leur sacrifice, il serait peut-être possible de substituer à la volonté de puissance allemande (ou toute autre) la volonté chrétienne de paix juste. Cet effort à lui seul peut constituer un monument qui leur convient.

www.ingramcontent.com/pod-product-compliance
Lightning Source LLC
LaVergne TN
LVHW040323200726
843493LV00015B/2734